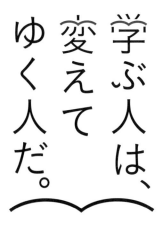

学ぶ人は、
変えて
ゆく人だ。

目の前にある問題はもちろん、

人生の問いや、

社会の課題を自ら見つけ、

挑み続けるために、人は学ぶ。

「学び」で、

少しずつ世界は変えてゆける。

いつでも、どこでも、誰でも、

学ぶことができる世の中へ。

旺文社

高校生のための「**生き方の参考書**」

vol.**2**

これからの
新しい勉強法

新しい時代に必要とされる
「学力の3要素」を徹底解説！

監修　**吉川厚**
東京工業大学特定教授・立教大学特任教授
株式会社 EduLab 主席研究員

編集協力　**小林実**
十文字学園女子大学教授

旺文社

飛び出せ高校生！　シリーズ刊行のことば

「先生、どうでもいいんですよ。
　生きてるだけで痛いんですよ。
　ニーチェもフロイトもこの穴の埋め方は書かないんだ。」

ヨルシカ「ヒッチコック」
作詞・作曲　n-buna

　高校生は、進路や恋愛、友達関係、部活と悩みがいっぱいある時期です。友達や家族や先生に話したり、ネットやSNSで共有することが解決の助けになっている人もいると思います。そして音楽もひとつの力になっています。

　ヨルシカの楽曲「ヒッチコック」では、ニーチェもフロイトも力になってくれないと歌われましたが、わたしたち旺文社は出版社ですから、「本」でなんとかみなさんの役に立てないかな、と考えました。

　このシリーズはいわば高校生のための「生き方の参考書」です。みなさんにとって、一歩前へ出る勇気のきっかけになることを願い、このシリーズを「飛び出せ高校生！」と名付けました。

　「人間関係の悩み」「進路・進学の悩み」「心と身体の悩み」の３つの大切なことを、考える手助けをしていきます。

　この本では正解はわかりません。さまざまなことで悩んでいるみなさんの手助けができればいいな、と思っています。答えをみつけるのはみなさんです。この本で常識にとらわれない考えを知り、試行錯誤して答えを自分で出しながら、一歩でも前に進んでくれることを願っています。

　飛び出せ高校生！

株式会社旺文社　発行人　生駒大壱

知っておきたい！
入試で問われる 学力の3要素とは？

最近よく聞く「学力の3要素」って何？ 入試に関係あること？ そんな疑問はここで解決しよう。

ひとくちに「学力」と言っても単純なものじゃないんだよ

学力の3要素って知ってるかな？

それがこの3つ!!

知識・技能

BOOK

思考力・判断力・表現力

主体性を持って多様な人々と協働して学ぶ態度

これからの時代にはこの3つが揃っていないとダメなんだ

ということで3要素に3つの願い使っちゃう感じでOK？

えーっちょっと待ってー

学力やめとく？

それよりこづかい5億円！

インスタフォロワー1万人！

オーイ!!

目　次

これからの入試に求められる力

これから求められる力を鍛えるトレーニング

■ 本書の特長と使い方

本書では、前半で「これからの入試に求められる力」について解説、後半でその
力を鍛えるためのトレーニングを紹介しています。
「これからの入試に求められる力」は入試に限らず、大学入学後、そして社会に出
てからも必要となる力です。この本で紹介するトレーニングを参考にしながら、
未来に必要な力を身につけていってください。

前半部 「これからの入試に求められる力」

文部科学省が提示した「学力の3要素」とは何かを具体的に示し、
これから「新しく問われる力」は何か、それをどうやって身につけ
ていけばよいのか、勉強のやり方・学び方を解説しています。

本文の重要な部分にはアンダーラインを引き、章末にはまとめペー
ジを設けています。ここで重要事項を再確認してください。

「これから求められる力を鍛えるトレーニング」

これから求められる力を7つのパートに分けて示し、各パートごとに
その力を鍛えるためのトレーニングを紹介しています。

トレーニングは、取り組みやすいもの（STEP.0）から順にステップ
アップしていきます。STEPによっては、関連するトレーニングや
補足を「Plus One」として紹介しています。

監修・編集協力者プロフィール

監修
吉川厚

東京工業大学 特定教授。立教大学 特任教授。

株式会社 EduLab 主席研究員として、テスト研究に従事。

慶應義塾大学大学院 理工学研究科 計測工学専攻 博士課程修了、工学博士。

NTT ソフトウェア研究所、NTT 基礎研究所、NTT コミュニケーション科学基礎研究所などを経て教育界へ。

一貫して、「人はどのように学び、しかも学んだ知識をうまく活用できるのか？」をテーマに研究をしており、膨大なデータをもとにした考察をおこなっている。

編集協力（これから求められる力を鍛えるトレーニング）
小林実

十文字学園女子大学 教育人文学部文芸文化学科 教授。

立教大学大学院 博士課程後期課程 単位取得後退学。

専門は日本文学。

大学新入生の入門課程を長年担当しており、リアルな学生の悩みと本音を熟知している。

編集協力　有限会社サード・アイ
校　正　株式会社ぷれす（大友弥生／眞榮里みどり）
カバー・本文デザイン　及川真咲デザイン事務所（内津 剛）
マンガ・イラスト　いぢちひろゆき
イラスト　山浦克永／朝倉千夏／斎藤ひろこ

これからの
入試に
求められる
力

吉川厚

東京工業大学 特定教授。立教大学 特任教授。
株式会社 EduLab 主席研究員。

最近よく聞く
「学力の3要素」
って何？

聞いたこと
あるけど……

■ 学力の3要素とは？

★ 変化の速い時代を生き抜くために 求められる力とは？

インターネットの普及とともにグローバル化が進み、社会は目まぐるしいスピードで変化しています。その一方で、わが国の少子超高齢化が国内・国際社会に及ぼす影響は大きく、この先の未来は不透明と言わざるを得ません。

皆さんが10年後、20年後と、急速な社会変化の中で生き抜いていくためには、国内はもちろんのこと、海外も含めたさまざまな人たちと協力して、社会が抱えている課題の解決に取り組まなければなりません。さらに、新しい価値を創造することも組み合わせることもできる、未来の社会の担い手となるにふさわしい「資質」や「能力」が求められています。

文部科学省では、これからの学生が、この「資質」や「能力」を身につけるために必要となる力を分析し、「学力の3要素」と名づけて提示しています。

★ 文部科学省の唱えている 学力の3要素とは？

現代は、ITやAI（人工知能）の進化で、近い将来には、仕事の進め方や職業のあり方まで変わってしまうかもしれないと言

われる時代です。さらには海外の人と切磋琢磨して競い合い・協力し合い、世界が抱えるさまざまな問題に共に取り組んでいかなければならない時代でもあります。そのような状況のもとで活躍できる人材になるためには、外国の方々とコミュニケーションを取るための語学の能力はもちろんのこと、彼らの生活様式や考え方、日本人との価値観の違いを理解し、彼らの主張の真意を推定したり、その背景に何があるのかを考える「思考力」、情報の正否を見極めたり、目まぐるしく動く時代に起こり得る予期せぬ事柄にも柔軟に対応できたりする「判断力」、さらに自分の考え・意思を相手にしっかり伝えることができる「表現力」が必要となります。

★ 高校〜大学〜社会と今後、常に必要となる 学力の3要素

　社会から必要とされる力は、時代とともに移り変わります。これまでの時代は、主に生きて働くために必要な「知識・技能」の習得が重視されてきました。これは社会が固定的な方向性を持って発展することが前提です。しかし、これからは、社会が変化していくことを当然とするので、知識・技能にプラスして、未来の変化を予測し、未知の状況にも対応するために必要な「思考力・判断力・表現力」の習得を重視する方向に変わってきているのです。

　これからの社会的な諸問題は、自分たちの身のまわりの人だけで解決が図れるとは限りません。したがって、国内や国外の

人と協力しながら、ある目標の実現を目指したり、これらの社会問題の解決に取り組んだりしていきます。そのためには、「主体性を持って多様な人々と協働して学ぶ態度」も必要です。

　今まで述べた「知識・技能」「思考力・判断力・表現力」「主体性を持って多様な人々と協働して学ぶ態度」の３つを、文部科学省では「学力の３要素」と定義し、新しい時代に必要とされる力、未来を創っていく皆さんに必要となる力として提示しています。これから先「学力の３要素」は、大学を卒業してどんな進路を選んだとしてもずっと問われ続ける、今を生き抜くために必要な力であることを認識してください。

知識・技能
生きて働くために
必要

文部科学省が提示する
新しい時代に必要とされる
学力の
３要素

思考力・
判断力・表現力
未知の状況に対応する
ために必要

主体性を持って
多様な人々と協働して
学ぶ態度
学んだことを社会や人生に
生かすために必要

新しい時代に必要とされる学力の３要素

☑ **知識・技能**
　＝生きて働くために必要

☑ **思考力・判断力・表現力**
　＝未知の状況に対応するために必要

☑ **主体性を持って多様な人々と協働して学ぶ態度**
　＝学んだことを社会や人生に生かすために必要

学力の3要素①

「知識・技能」とは？

今までと違うんですか？

★これまでと違う 新しい「知識・技能」が必要

　あらためて「学力の3要素」と言われると、「これから先は、何かまったく新しい力が必要になるのだろうか」と疑問を抱いたり、不安になる人もいるかもしれません。

　しかし、言葉だけで考えると、学力の3要素は今までの時代も言われ続けてきたことで、特に目新しいところはありません。ただし、これまでとニュアンスが違う部分もあります。それは「基礎学力」とか、「基礎的な問題」などで使われる"基礎"という言葉の意味の部分です。

　例えば数学を例に挙げると、これまでは基礎問題が計算問題、応用問題が文章題という位置づけでした。教科書の例題や問いレベルの問題ができること、英語なら英単語の意味を知っていること、歴史であれば歴史上の出来事がいつ起きたか、その年号を知っていることなどが、知識や技能に関する「基礎的な力＝基礎力」と考えられてきました。今までは、少数の専門家や編集者による本などから、知識や技能に関する情報を得るしかありませんでした。そのため、その知識や情報を知ることが大切だったのです。しかし、現在はそうではありません。時代の変化とともに、知識・技能の位置づけも変わっているのです。

★知識は、ネットで検索すればすぐに見つかる？本当にそうなの？

　皆さんの多くは、すでにインターネットを利用していると思います。友だちと話しているときや、テレビを見ているときに、知らない言葉が出てきたり、「あれはなんだっけ？」と思い出せないことがあったら、スマホやパソコンでインターネットに接続して、Google や Yahoo！などの検索エンジンを使って知らない言葉を調べていませんか？

　例えば、これらの検索エンジンに「東京オリンピック」と入力したとしましょう。すると東京 2020 オリンピックとともに、1964 年に東京で開催された夏のオリンピック」という事実（知識）がすぐに見つかると思います。また、世界史でよく問われる、「ナントの勅令（王令）」と入力すれば、「1598 年にフランス王アンリ 4 世がナントで発布した勅令」という検索結果がすぐに得られるはずです。

　このように、従来「知識」と呼ばれてきた事柄は、今やインターネットを使えばすぐに調べられる時代になっています。知りたい言葉を入力さえできれば、子どもから大人まで誰でも簡単に見つけられるのです。と

ころが、誰でもすぐに知識を得られる、簡単なはずのインターネットにも落とし穴があります。インターネット上に構築された情報は、人間が入力している情報なので、誤って入力したもの、あるいは作為的にウソの情報が発信されたものも混じっており、それを真実として受け止めてしまう可能性があるのです。

　先ほど例に出した「東京オリンピック」で考えてみましょう。東京オリンピックの開催された年である「1964年」を、「1946年」と誤って入力したまま、ネット上にアップされている情報に遭遇したとしても、誤りに気づかず、正しい情報として自分の中に取り入れてしまう危険性があるということです。

　「いや待てよ。第2次世界大戦が終了したのは1945年。同じ年の8月に広島と長崎に原子爆弾が投下されて、日本はその当時、大変な状況だったはず。そのわずか1年後の1946年に東京でオリンピックを開催できるはずがない。これは間違った情報だ」とすぐに判断できる力がこれからは必要なのです。「未知の情報を検索する際に、正しさを判断する力」が問われる時代なのです。

　ましてや、「ナントの勅令」という言葉を知らなかったら、そもそも検索ができるでしょうか？　「キリスト教（プロテスタント）に対する弾圧はヨーロッパでもあったな」とか、何か検索のきっかけになる知識が断片的にでもないと探せない＝そういうものは存在しないと認識してしまう可能性もあります。情報があふれているからこそ隠されてしまう。これはとても怖いことですね。

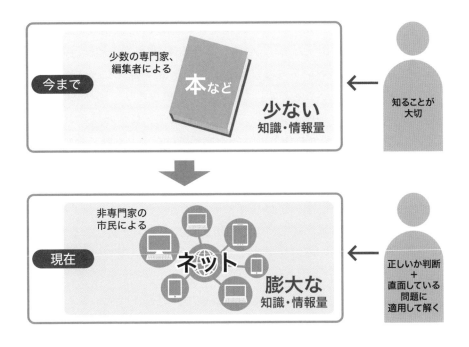

★ 関連する知識を駆使して
　正しい知識を導き出せる力＝「基礎力」

　　正しい知識は、その知識に関連するさまざまな事実に関する知識を駆使しないと見出せないのです。先ほどの例だと、検索した情報を正しいかどうかを判断するには「1945年に第2次世界大戦が終了した」「日本はぼろぼろに負けた」「経済復興には朝鮮戦争による特需に頼らなければならなかったはずだ」などの事実を関連情報としてすぐに結びつけられる、あるいは検索サイトの信頼度に関する知識などといった、正しく判断するための複数の知識がないと、正しい情報にたどりつけない可能性が

あるのです。実はここが最も大切な部分で、「検索して正しい知識を見つけ出すために"必要となる知識・関連する知識"」こそが、今の時代において「基礎知識」や「基礎学力」と呼ばれるものの姿だということです。ちなみに、「※東京オリンピックは1940年」という検索結果だって考えられます。皆さんはそれをどうやって、自分が検索したかった結果ではないと判断できますか？

　今やインターネットは私たちの生活に欠かせないものとなっています。前述の例は簡単な歴史でしたが、「○○ダイエット」などをはじめ、疑似科学を悪用した広告やブログになると、「成功した」という証言も膨大にある中、正しい回答にたどりつくにはどうしたらいいのでしょうか。その方法を知って、正しい回答を導き出せる力こそを「基礎力」と呼ぶ時代に変わっていることを認識してください。

	基　礎	応　用
今まで	簡単な問題	難しい問題
	⬇	⬇
これから	正しい知識を導き出せる力	さまざまな利用場面で問題を解決できる力

※1940年9月21日から10月6日まで東京で開催される予定だった夏季オリンピックは、日中戦争の勃発等により、日本政府が開催権を返上、中止となった。

Check! ✔

- ☑ 「知識・技能」の形が時代とともに変わってきている

- ☑ これまで問われた知識はインターネットを使えばすぐに見つけられる

- ☑ 正しい知識を導き出せる力や、1つの知識だけでなく、それに関連する知識を結びつけられる力こそがこれから必要となる「基礎力」

学力の3要素②

「思考力・判断力・表現力」とは？

どういう
力だ？

＊「知識を活用して自ら考え、判断する力、考えを他人に表現できる力」が最も問われる時代へ

　「学力の３要素」の２番目は、「思考力・判断力・表現力」と呼ばれているものです。これは「知識を活用して自ら考え、判断する力、その考えを他人に表現できる力」と解釈してもよいと思います。

　皆さんにとって、この力こそが学力の３要素のコアです。基礎力のところで述べた、ある情報を、関連する他の知識を使いながら検索する行為も、ここに含まれています。

　インターネット上で検索していると、正しい情報と間違った情報が混在しているのは前述した通りです。そのどちらが正しいかを判断できるものならよいのですが、インターネットに限らず情報や人の考え方には、どちらが正しいのかをすぐには判断できないものもあります。

　ある現象に対する１つの考えに対して、その考えに反対する意見が上がってくることは、よくあることです。例えば科目で考えると、正しい答えが１つしかない数学は該当しませんが、それ以外の社会や国語では、問題の答えが１つとは限らず、対立する意見、つまり反対意見は必ず出てきます。

　「ある問題について、Ａさんはこう考えている。ＢさんはＡさんとは逆の考えです。では、あなたはどう考えますか」ということが、これからの時代では問われるのです。これまでは正し

いものはどれか、事実を知っているだけでよかったのですが、なぜそれが正しいと自分は考えているのか、他人に自分の意見を述べ、説明できる能力が問われる時代になっています。

★ 年齢も違う相手、海外の相手にどう発信すれば 伝わるかを考えなければならない

インターネットの普及に伴い、SNS やブログなどを通じて、自分とは年齢が違う人、さらには海外の相手にまで、自分の意見や考えを発信できる時代になりました。これは昔だったら考えられないことで、以前は自分の意見を発信する相手は、同年代の学校の友だちであったり、自分の身のまわりの家族であったりと、極めて限定された範囲内であり、意思の疎通は比較的容易でした。

しかし今は、相手の知識レベルや状況がどのようなものかを把握しながら、相手にわかるように、きちんと伝わるように、どう発信すべきかを考えなければなりません。そのためには、自分の考えをわかりやすくまとめて発信できる能力が必要です。それには「相手」の想定も必要ですし、SNS

のような拡散するメディアで発信するなら、想定外の相手に誤解をされないよう、留意することが必要になるかもしれません。

　想定する相手がどのように理解するのか（これを相手モデルと呼びます）、相手モデルを複数つくって、それぞれのモデルごとにすべて対応できることを前提とした、単一の発信になるように編集することが求められます。もちろん、外国語の能力も必要です。海外で活躍しているサッカーやテニスの選手が、自分の意見や考えを現地の記者に向かって、現地の言葉で堂々と話している記者会見の映像を見たことがある人も多いでしょう。

　彼らの多くは海外進出を目標に設定し、スポーツの実力を伸ばすのと同時に、海外で活躍するために必要となるコミュニケーションスキルを磨いてきたのです。出場機会を得るために、監督やコーチ、その他のスタッフとのコミュニケーションは重要な要素です。そのことを彼らはわかっており、試合や記者会見での雄姿は、海外進出に備えて長年トレーニングを積み、努力を重ねてきた成果であることを知っておいてほしいと思います。

そして、これらは単に「言葉だけ」のコミュニケーションではなく、基礎力のところでお話しした、知識を関連づけることと同じように、スポーツそのものの取り組みや練習態度など、さまざまな関連のものと結びついた「言語」でコミュニケーションをしているのです。

　「言葉」はあくまでもコミュニケーションの中身を引き出すためのツールであり、本質は基礎力と同じ「結びつけの力」なのです。

★ 理解するということ

　学習するうえでの「理解する」という言葉の意味も変わってきています。皆さんがイメージする「理解」、または「理解している」という状態は、「書いてあることがきちんとわかっていて、それを正確に表現できている」状態ではないでしょうか。

　しかし、今の「理解している」状態とは、「持っている知識を活用できる」「知識をいかに使えばよいかがわかっている」状態を言います。以前とずいぶん意味づけが変わってきているのです。知識を使えなければ理解しているとは見なされないのです。人間は他人の頭の中はわからないけれど、その行動を見れば、その人が考えていることを想像できますよね。同じように、知識を理解しているかどうかも、行動に出てくることで判断される、ということなのです。

これからは、身につけた知識を他の事例にきちんと適用できるかどうかが問われるのです。

　自分の持っている知識、身につけた技術をどのように世の中に生かしていけるか・役立てられるかが重要な時代になっていると言えるでしょう。

☑️「知識を活用して自ら考え、
判断する力、その考えを他人
に表現できる力」が最も重要

☑️ ある考えに対し、自分はどう
解釈するか、考えを説明でき
る能力が問われる

☑️ 自分の持っている知識、身に
つけた技術をどのように世の
中に生かしていけるか・役立
てられるかが重要な時代

学力の3要素③

「主体性を持って多様な人々と協働して学ぶ態度」=「学ぶ意欲」とは?

う～ん
よくわかりません

★学ぶ意欲が未来の新しい力を創り出す

　積極的に頑張ろうとする意欲や、周囲の人々と協力して取り組む姿勢が、物事を成功に導くうえで重要な要素であることは、スポーツを例に考えるとわかりやすいと思います。

　一人ひとりのプレイに対する意欲と強い責任感、そしてチームワークのよさが、チームを勝利に導いてくれるはずです。逆に、どんなに素晴らしい選手が揃っていても、チーム内がバラバラだと勝ち続けることは困難でしょう。

　これは勉強でも同じことです。ノーベル経済学賞を受賞したアメリカのヘックマン教授らは、子どもの将来の成功に影響しているとされる能力の中では、IQ テストや学力テストなど従来のテストで測られる認知能力（基礎学力や基礎的な知識・技能）よりも、意欲や協調性などの非認知能力（協調性やコミュニケーション力、問題解決力、実行力など）のほうが重要であることを示す調査研究結果を発表しています（非認知能力は、時間差で認知能力に影響をもたらしているという研究結果もありますので、認知能力が相対的に価値がないという意味ではありません）。

　同様に、アメリカの心理学者マクレランドも、学校での成績や高校の卒業資格証明書等が, 必ずしも社会の中で成人が成功する要因となり得ず、いわゆる学力より、意欲や感情を制御する力、肯定的な自己概念や信頼感、対人関係能力といった非認知的スキルのほうがより大きな影響を与えることを、実証的な調査研究を用いて示しています（国立教育政策研究所発行　『OECD 生徒

の学習到達度調査（PISA2015）2015年調査 国際結果報告書』より）。

　これらの研究結果を受け、OECD（経済協力開発機構）が実施している国際学力調査（PISA）では、すでに2015年から非認知能力を問う問題が出されています。これから先、日本も導入していく予定で、その評価方法は現在検討されています。

　皆さんは一人だけで学び続けられますか？　個人学習として知られているeラーニングは、最後まで学び続けられる人が少ないことが問題になっています。また、自分と考えの異なる人々（多様な人々）と議論するからこそ、新しい考えにたどりついたり、行き詰まりが解消されたりもします。自分のやっていることの面白さを周囲の人に伝えていると、周囲の人が助けてくれることもあります。

　「協働して」ということは、学びを発展させるうえでも、継続させるうえでも重要なことです。もちろんそれには自分から、つまり「主体性を持って」いることが大切です。

　今後はこのような学ぶ意欲や取り組みについて評価されるようになるので、しっかり頭に入れておいてください。

☑ 学力などの認知能力と合わせて、意欲や主体性、協調性などの非認知能力が将来に影響するという研究結果が出ている

☑ 国際学力調査（PISA）では2015年から非認知能力を問う出題がされている

☑ これから先、日本でも学ぶ意欲や取り組みについて評価されるようになる

新しく
問われる力は
何？

何でも
きたまえ

★ある考えを述べる際は、根拠・裏付けが必要

　「これから求められる新しい力」と言われると、何か新しいことをするために、これまでなかった特別な力を身につける必要があるようにとらえる人も多いでしょう。しかし、そうではなくて、実はこれまでもずっと求められてきたことなのです。それが、きちんとできていない状況にある。だから、「その部分をできるようになりなさい」ということです。

　例えば「自分の考えを述べなさい」という問題で、単純に思ったことをつらつらと書いて解答ができたと思っている……。これは高校生に限らず、大学生にも多く見受けられる感心しない現象です。自分の考えを述べるということはそのように適当なものではなく、それについて自分はどう考えるかということを、例えば資料やデータを「根拠に」述べることなのです。

　例えば実験についてのレポートで、「失敗して悔しかった」とか、「次は頑張りたい」など、感想だけを書いてしまう人がいます。これは自分の考えとは呼びません。そしてもちろん、これはレ

ポートとはとても言えません。レポートには「こういう現象が見られたからこう思われる」などといった意見と、「その想定の解釈は○という理論による」「×という類似事例による」といった理論などと一致するところ、不一致のところを示し、自分の意見が妥当である根拠・裏付けを書かなければならないからです。

★自分の考えを述べるためには 思考力・判断力・表現力が必要

前の章まで扱った「学力の３要素」を思い出してください。

「正しい知識を見つけ出すために、必要となる知識・関連する知識」を身につけている人こそが「基礎学力」のある人で、身につけた知識を活用できるかが今後は問われると述べました。

ある現象に対して得られた情報をもとに、自分が持っている知識、あるいは関連する情報を調べた結果などを「総動員して」（ここでも「結びつき」が重要）、その現象がどのような現象か「思考」し、何らかの根拠をもとにきっとこうであろうと「判断」し、結論として自分の考えを「表現」する。この一連の流れこそが、自分の考えを述べるということです。

ですから、自分の考えをきちんとまとめることができて、それを述べたり、表現できることは、もともと当たり前のことなのですが、これまでは多くの知識を知っている（受験に出そうな知識を身につけている・暗記している）ことばかりが重要視されたせいで、この部分がおろそかになっていました。

その結果、感想文のようなレポートしか書けない学生が増えてきたのです。これからは、「知識を活用する部分」を大事にして、しっかり自分の考えを述べられるようにならなければなりません。今後は大学入試でも、この能力を見る出題が増えてくるでしょう。

39

Check!

☑ 新しく問われる力＝自分の考
えを論理的に説明できる力

☑ 身につけた知識を活用できる
かが問われる

☑ 自分の考えを述べるためには
思考力・判断力・表現力が欠
かせない

勉強の
やり方の
基本

待って
ました！

★新しい学力を身につけるために

　これまで述べてきたような新しい学力を身につけるためには、勉強のやり方を従来のものから変えたほうがよいでしょう。例えばドリルや基礎的な問題集は、何問解けた、これだけやったと達成感があるため、勉強した気になりがちですが、点数を上げたり、量をこなすことに集中してしまって、かえって「学べなくなる」こともあるのです。

　学力を上げるためには少し工夫した勉強が必要なのです。

　漢字を取り上げてみましょう。例えば「深い」という言葉があったら、この言葉はどんな使われ方をしているのかをまず考えたり調べたりしてみましょう。「深い海」というと、底がずっと遠くにありますね。絵の具にある「深緑」は濃い緑。熟語も出してみましょう。「深淵」「深山」「深層」「深刻」など、それぞれの語句の読みと意味を調べてみてください。そうすることで、結果的に「深い」という言葉はどんな意味を持っているのかがわかってきます。

　「深い学び」はあるけれど「厚い学び」ではダメなのか、なぜ「深い」という言葉を使うのかを調べ、考えてみることで学力は高まっていきます。これは英単語でも同じことが当てはまります。

　ある１つの事柄について、さまざまな角度から見つめ、思考することで、勉強がさらに一歩進んだ「深い」ものになります。

☑ 新しい学力を身につけるため
に勉強のやり方を変えよう・
工夫しよう

☑ ある事柄について、さまざま
な角度から調べることで学力
は高まる

知識を
さまざまな分野
に結びつけよう

どういう
こと？

★ 新しい勉強法は検索エンジンをイメージしよう！

　ほとんどの人が、インターネットの検索エンジンを使ったことがあると思います。検索エンジンで自分が調べたいことを検索していると、調べたいことだけでなく、それに関連する情報がどんどん出てきます。遭遇した情報の中には、検索する前には考えもしなかったようなものがあり、そちらが気になり、さらにそれを検索して、結果的には今まで知らなかったことまでわかってきた……という経験のある人も多いでしょう。

　勉強もそれに似ています。例えば野菜のキュウリについて考えてみましょう。皆さんはキュウリを漢字で書けますか？　辞書を使ってもよいので、漢字を調べてみましょう。「胡瓜」と書いてあると思います。「胡瓜」の「胡」を見て、何か思いつきませんか？　わからない人は「胡」が他にどんな単語で使われているか、辞書などで調べてみましょう。

　「ごま」「クルミ」「コショウ」も「胡」を使って「胡麻」「胡桃」「胡椒」と書きますね。なぜ「胡」が共通で使われているのか知りたくなってきませんか？　というわけで「胡」という漢字を分析してみましょう。調べてみると、どうやら古代中国の北方・西方に関連する漢字で、「※胡」というのは中国からみた異民族のことだとわかるはずです。世界史で胡が出てくるのは、秦の始皇帝の時代。始皇帝といえば、万里の長城が有名ですよね。万里の長城は主に北方の異民族の侵略を防ぐためにつくられたと言われています。胡瓜、胡麻などの食べ物に話を戻すと、「胡」は異民族のことですから、「キュウリ＝胡瓜＝中国の北方・西方

※古代中国の北方・西方の異民族（匈奴、鮮卑、羯、氐、羌）のこと。

から中国に伝わってきた瓜（ウリ）」「ごま＝胡麻＝中国の北方・西方から中国に伝わってきた麻（アサ）」ということなのです。胡桃、胡椒も同様です（※中国の北方・西方から伝わったが、原産地はさまざまで、北方・西方とは限らない）。ここで皆さんに質問します。胡麻は荒れた土地でも育ちますか？　水やりを忘れても育ちますか？　胡麻を育てたことのある人はそんなにいないと思いますが、十分に想像ができると思います。中国の北方・西方には砂漠があり、雨が少なく乾燥していて荒れた土地が特徴ですから、胡麻は乾燥や荒れた土地に強く、乾燥農業に適した作物のはずだということが想像できるでしょう。

　漢字の勉強だったはずが、歴史や植物の生態の話になっている！　このように知識を結びつけていくことこそが「学習」なのです。キュウリから、漢字→社会、漢字→理科へと結びついていく、これが学習というものなのです。そして、たくさんの結びつきをつくると「忘れない」のです。しかも活用につながります。

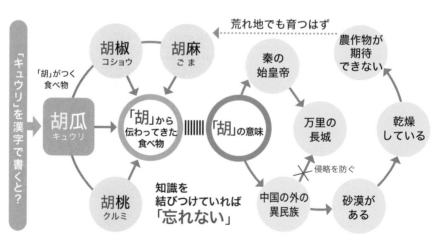

知識がさまざまな分野に広がっていくイメージ図

※キュウリの原産地はインド北部からヒマラヤ山麓辺り、栽培ごまはインド、クルミはペルシャ（イラン）、コショウはインド南西部が発祥の地といわれている。シルクロードを通じて中国に伝わったとされる。

☑ 知りたいことをいろいろな角
度から分析しよう

☑ 知識をさまざまな分野に結び
つけることこそが学習

☑ 漢字の勉強が社会にも理科に
も広がっていく
（インターネットの検索エン
ジンをイメージ）

好きなことから
取り組んで
みよう

これなら
できそう

★「嫌い」がそのうち「好き」になる

　勉強はきついし、面白くないから「やりたくない！」と投げ出したい人もいるでしょう。勉強は、継続してどう学べるかです。いかに自分のやりたいことと結びつけるかが大切なのです。そのためにはまず、好きなことを徹底的に伸ばすことからはじめるとよいでしょう。

　例えば社会が好きで数学が嫌いならば、徹底的に社会の勉強に取り組んでみてください。勉強が進むにつれ、社会では貿易などの分野で統計の数値が出てきます。グラフを扱うことになるので、グラフの読み方を学ぶでしょうし、年ごとの変化を見ていくと予測もできるようになるでしょう。これをなるべく正確にしようと思うと、そこからグラフを扱うことは数学の分野になってきます。嫌いだった数学が自分の好きなことをやるための道具として使うようになってきます。

　いきなり数学の統計の問題を解かされるよりも、真面目に調べ、考えようとするはずです。このようなことを何回か経験するうちに、当たり前のようにグラフを読み取れるようになった自分に気がつくと思います。そして「もっと知りたいから、ちょっとは数学もやってみるか」と思える日が、きっとくるはずです。

　実は大学の先生もこの繰り返しによって、学問を追究しているのです。専門的なことをやればやるほど知識が広がり、深くなる。これが学びなのです。好きなことがベースにあるからこそ、学び続けられます。

☑ 勉強は継続してどう学べるか
　にかかっている

☑ 最初は好きな科目優先で勉強
　しよう

☑ 知りたいことを突き進めれ
　ば、嫌いな科目も自然に学べ
　るようになる

学びは「独りの大好き」から。しかし「独りでは学ばない」

どういうこと？

★学びは自分だけでなく仲間がいると継続する

　勉強が嫌いで思うように進まないという人は、とにかく「勉強」はいったん忘れて面白いことを見つけてみましょう。面白いと人は学ぶようになります。すると不思議なもので、何かを面白がってワクワクしている人には、自然と他人が近づいてきます。そして、もっと面白くなるチャンスがやってきます。

　サメ次郎君の話をします。彼は３歳のとき、なぜかサメが気に入ってしまい、「サメが大好き」と周囲に言うようになりました。すると、周囲の大人たちがサメの図鑑をプレゼントしてくれたり、保育園の先生はサメのＴシャツを着てくれたりと、周りのみんなが、サメのことを話しかけたり質問したりしてくるようになりました。本人は動画サイトの動画と図鑑を見比べて調べ、その質問に答えていました。親がそのことを自分の友だちに話したところ、サメの勉強会に親子で誘われることに……。

　動画サイトを通じて、サメの名前を英語でも聞くようになり、英語の先生に、サメの名前を英語で話したので先生もビックリ！先生は他の動物の名前も英語で教えてくれました。

　サメから英語まで……。

　このように、「独り」の大好きは、どんどん広がっていきます。学びは「独り」でするものではありません。わからないことをわからないと意思表示すれば、周囲の人がきっと教えてくれるはずです。そればかりか思わぬプレゼントをしてくれたり、教えてくれたり……。その人たちの影響で、ますます学びが進ん

でいきます。

　サメ次郎君のしたことは、楽しいことを周囲に伝えただけ。でも結果的に学びは広がり、いろいろなタイミングで刺激がもたらされるので、いやでも学べるように仕立てられていきました。

　このように、常に刺激が自分にくるように仕向けることも大切です。まずは勉強を面白がることからスタートしてください。人と人との結びつきが、本来は「独り」でする学びを継続させてくれるでしょう。

サメから英語まで
- 英語にも興味が湧く
- 英会話の先生と話すようになる
- サメの名前を英語で言えるようになる
- 動画サイトを見る

サメから他の分野まで
- どんどん調べて答えるようになる
- サメ以外のことも聞かれるようになる
- 友だちがサメのことを聞くようになる
- 大人たちがサメの本をくれる
- サメが好きと周囲に言う

サメが好き

サメから漢字まで
- 複数の図鑑を見比べるようになる
- どこが違うかを見るうちに文字を覚える
- 図鑑に書かれている漢字が読めるようになる

より専門的なこと
- 親が親の友だちにサメ好きと言う
- サメの勉強会を紹介される
- 大人のサメ好きのネットワークに入る
- より専門的なことを知るようになる

☑ ちょっとでも面白いと思った
　ことを周囲に伝えよう

☑ 周囲を巻き込むことが学びを
　継続させる

☑ わからないことはわからない
　と言えば、きっと誰かが助け
　てくれる

好きなものから
「真の学び」を
手に入れよう

これは
興味
ある！

★学びの環境を自分でつくろう

　ここまで読まれて、期末試験などの切羽詰まった試験に役立つ勉強にはならないのではないか、と思われた人もいるかと思います。確かに、20点くらいしか取れない実力を、すぐに100点にする勉強法ではありません。しかし、確実に点数が取れるようになる方法なのです。

　「学び続ける」ことが知識を豊富にして、さらに使えるようにしていきます。そして、前に述べたサメの例の通りに、好きなものなら人はやり続けられます。そして、それを周囲が「認めてくれる」とそのやる気が維持されやすいのです。この2つの環境をうまくつくること、これが継続した学びには大切です。

　はじめから「できる」のではなく、「できる」自分を作るために、独りではなく、学び続けられる自分の環境をうまくつくっていく人、そんな人が「できる」人になっていきます。「好きだからやっていく」→「そうすると周りも認める」→「周りが面白がってくれるから、さらに進める」というような、よい循環ができてきます。それが真の学びを生むのです。

　周囲の人に面白がってもらうには、自分が好きなものの魅力をきちんと説明しなければいけません。この説明の過程で、自分に足りない知識や、自分の思い違いがわかります。さらに、わかってもらうための説明の仕方を考えることが、論述力・表現力アップにつながります。

　このような実践を繰り返すことで、好きなものに関する知識

が増え、さらにそれが互いにリンクしていくので、ますます面白くなり、もっと学びたいという気持ちが強くなります。教科書は体系的になっているので、あなたの好きなこととは直結しないことが多いかもしれません。後で振り返れば「ああ確かに」と思うことはあっても、学びの途中では、あなたが身につけた好きなことに関する知識と、試験範囲の内容はあまり交わらないかもしれません。

　しかし、学びが広がっていくと、知識がお互いにつながってきます。先に述べた、知識のリンクがどんどん増えていくのです。その結果、身につけた知識の中に、試験範囲の内容が少しずつ含まれるようになっていきます。このような学びになるように、徐々に学んでいくこと、環境づくりをしていくこと、これが受験勉強だけではない一生ものの学びになっていくのです。

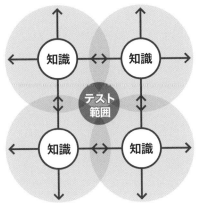

☑ 「学び続ける」ことが知識を
豊富にし、使えるようにする

☑ 好きなものなら、やり続けら
れる

☑ 学びの環境を自分でつくるこ
と。これが一生ものの学びに
なる

これから求められる

力を鍛えるトレーニング

パワーアップすべき 7つの力とは？

これから求められる力とはいったいどんな力なのだろうか？
そして、それがなぜ必要なのか、考えてみよう。

これから
必要となる
学力の
3要素を
伸ばすため

7つの力を
パワー
アップ
させよう!!

7つの力
って何？

筋力、
ジャンプ力

握力、走力、
瞬発力、
筋持久力、
心肺持久力
……

ちがい
ます！

60

トレーニング **1**

暗記力を
鍛える

暗記力とは何か
〜入試の基礎力

　入試問題を解くためには、前提となる豊富な知識が必要だ。その知識の多くは暗記することで蓄えられる。つまり、暗記力こそが入試の基礎力と言ってよいだろう。

　人間の脳には、短期間だけ覚えている記憶と長期間、覚えている記憶がある。幼少期に体験した印象深い出来事などを、高校生になった今も記憶しているという人も多いだろう。それとは逆に、定期テストのときには、きちんと記憶できていた単語の意味を、定期テストが終わった途端に、すっかり忘れてしまったという経験がある人もいるだろう。これらはなぜ起こるのか？　脳の性質をうまく使いながら記憶していくことが、受験勉強での暗記対策のカギとなる。

●暗記力とは

1．入試の基礎力
2．記憶するために脳の性質をうまく使える力

STEP.

0

暗記するものを
はっきりさせよう

　暗記をはじめるにあたって、自分が「覚えたいこと」「覚えなければならないこと」ははっきりしているだろうか？　人間が一夜に記憶できる量には限度がある。あれもこれもと欲張らず、当面は最低限、覚えておかなければいけないことから、暗記したいことを選ぼう。暗記するものを選ぶためには、日頃から教科書や授業のノートの大事だと思われる部分に印をつけておくとよい。教科書のいたるところにマーカーなどで下線を引いている人をたまに見かけるが、後で見返すときに何が重要なのか、わからなくなるおそれがある。暗記が必要な項目は厳選し、一目でわかるような印をつけよう。

得意科目から
暗記をはじめよう

好きなことや興味のあることは覚えやすい。これを利用して、まずは得意科目の面白いと思うところの暗記からはじめてみよう。得意科目は苦手科目よりも理解が十分だから、暗記するものを他のことと関連づけて記憶できる。こうすると頭に残る期間も長い。

　苦手科目こそ先に暗記してしまって、どうにか切り抜けたいと思う人がいるかもしれないが、嫌なことからはじめると途中で挫折してしまう可能性も高い。得意科目の暗記で自分なりの方法を確立してから、苦手科目の暗記に取り組むようにしよう。少ない時間でより効率的に記憶できるようになる。

STEP.
2

暗記は1日数分間だけと決めて、長期的に取り組もう

必要以上に記憶しようとすると、覚える力は低下する。一度に覚える範囲・数を少なくし、長期的な計画を立てて暗記に取り組もう。部活動やスポーツをイメージしてみるとよい。1週間に1日、例えば土曜日だけ5時間まとめて練習をするより、毎日1時間だけでも5日連続して練習したほうが技術は上達するはずだ。暗記もこれと同じで、1日に数分間だけやるなど、細切れにして覚えていこう。

　通学時や寝る前、起きた後の5分など、いわゆる"スキマ時間"を活用しよう。「暗記は起きた後の5分間やる」などと決めて取り組むとよい。

Plus+
One

面白いこと、心が動くことは記憶しやすい

脳は、ワクワク、ドキドキしたり、強い興味を持ったりすることには記憶が定着しやすい。例えば憧れの人や好きなアイドルについて、名前・血液型・星座・趣味などをすぐに覚えられるという人も多いだろう。また、趣味や好きなスポーツに関することは、勉強よりも楽に覚えられるはずだ。

　暗記したい項目について、例えば歴史上の出来事であれば、当時の時代背景や人物を思い描きながら、あるいはそのときの自分の思いや興味・関心を、何らかの形で関連づけて覚える工夫をしてみよう。暗記を楽しみ、前向きに取り組むことで、暗記力はアップする。

STEP. 3

こまぎ 細切れ暗記を繰り返そう

細切れ暗記のイメージ

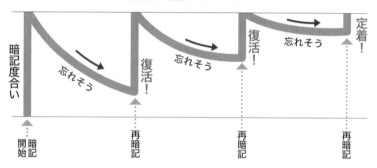

暗記度合い

忘れそう
復活！
忘れそう
復活！
忘れそう
定着！

開始 暗記
再暗記
再暗記
再暗記

前半部では、自分の興味があることから知識のつながりを増やしていって、広い範囲を覚えていく方法を紹介したが、ここでは単独で覚えたことを忘れにくくするやり方を紹介する。覚えたことを忘れにくくするには、1度目の学習をしてから早い時期に同じ内容を何回も繰り返す。この細切れ暗記を繰り返そう。忘れてしまう前に繰り返すことで、1度目より2度目のほうが思い出すのに時間がかからないことに気づくはずだ。繰り返しは記憶しやすくする効果がある。暗記したい単語や熟語を目につく場所に貼って覚えた先輩も多いが、これこそ、何度も目にすることで暗記を繰り返しているのだ。

STEP.
4

空腹時をねらって
覚えよう

記憶力が高まるのは危機的な状況に置かれたときと言われている。例えば空腹時。食後は消化のために胃や腸に血液が集まるので脳の活動は低下する。お腹いっぱいのときは眠くなって勉強がはかどらないという人も多いはず。空腹時は、脳が適度に危機を感じているので緊張感が高まり、集中力もアップして効果的な記憶ができる。

定期テストの前日とか危機感が高まったときに、ものすごい数を暗記できる！」と豪語する人もいるかもしれない。確かにこれは時間的な危機感で集中力が高まった結果だろうが、このような勉強法だけだとその場しのぎで、知識は定着しないので注意しよう。

STEP. 5

五感を活用して
セットで覚えよう

記憶する際、ながめるだけとか黙読するだけでなく、声に出したり、紙に書いたりするなど、ある動作を伴いながら覚えると効果的だ。手や耳、目、口などを使って、五感をフルに活用して暗記するとよい。

　覚えたことを友だちや家族に説明すると、理解がもっと深まり、記憶が整理され、より強く頭の中に残る。「どこどこで、××なときに、○○君を相手に説明した」「図を教室の黒板に書きながら説明した」といった具合に、そのときの情景と自分が何をしたかを結びつけることで、思い出す手がかりにもなる。

Plus+
One

自分に合った暗記方法を見つけよう

　暗記方法に正解はないので、そのやり方は何でもよい。ただし、覚えること自体を目的としてしまうと、途中で飽きてしまい、挫折する可能性が高い。覚えることで、その後、自分にどんなよいことが待っているのかを意識しながら取り組もう。暗記には、書いて覚える、聞いて覚える、声に出して覚えるのほかに、語呂合わせで覚える、アプリを使って覚えるなど、いろいろな方法がある。暗記に関する本や先輩の体験記なども数多く市販されているので、それらを参考にして、自分に合った、確実に実行できる暗記方法を見つけ出そう。せっかく覚えるのだから、一生ものの知識にすることを目指そう。

トレーニング **2**

読解力を鍛える

読解力とは何か
～問題点を見つけ出す力

　読解力とは文章やデータなどの情報を読み、それらの情報の意味や意図を正しく理解する能力のことだ。問題で問われていること、解答に求められている要素、出題者の意図などを理解できる能力でもあるので、科目を問わず求められる力と言ってよい。

　現代社会では、情報は文章だけでなく、画像や映像であったり、人との会話の中にも含まれる。実はこれらも読解力がないと読み取ることができない。相手との円滑なコミュニケーションを取るうえでも、欠かせない力と言えるだろう。

●読解力とは
1．さまざまな情報を読み取る力
2．相手とのコミュニケーションにも
　　欠かせない力

まずは日本語の
基本ルールを再確認

読解力を鍛えるために、普段は何も考えずに使っている日本語の
基本ルールを再確認することからはじめよう。日本語は漢字、
ひらがな、カタカナ、ローマ字、句読点なども含めて多様な文字やルー
ルを使う言語だ。例えば「このみせではきものをかう」という文章は、
「この店で履き物を買う」のか「この店では着物を買う」のかがわか
りにくいが、漢字を使うことで意味が通じるようになる。また、読点
を打つ場所によって意味が変わったり、わかりきった主語を省略した
りすることも多い。こうした日本語の特色を理解し、使われている文
字や語句の意味や効果を意識しながら読み解くようにしよう。

STEP.

1

読解力は筋トレだ。
毎日読まないと
力にならない

　どんなことにも当てはまるが、実力はすぐにはつかないものだ。また、せっかくつけた力もトレーニングをさぼっていると少しずつ落ちてしまう。筋トレでは落ちてしまった筋力を取り返すのには、最低でもさぼった期間、あるいはそれ以上の時間のトレーニングが必要だという説がある。読解力アップもこれと同じで、毎日少しずつでも取り組むことが大切だ。文章を読むことを習慣づけよう。SNSなどを通じて目にする間違いが多い文を読むのではなく、新聞や雑誌、単行本など、正しい日本語で書かれた文章に、"スキマ時間"を利用するなどして、1日1回は触れるようにしよう。

STEP.
2

いろいろなタイプの
文章を読もう

読み取る力を鍛える最もシンプルな方法は、正しい言葉で書かれた、いろいろなタイプの文章に、できるだけ数多く接することだろう。ただし、文章を目で追っているだけで読んだ気分にならないように注意が必要だ。文章の意味、意図することを一つひとつ理解し、頭を働かせながら読んでいこう。そのためにも語彙力アップは欠かせない。わからない漢字や語句やことわざが出てきたら、必ず辞書で調べる習慣をつけよう。調べることでその言葉の意味を把握できるようになるのはもちろんのこと、その言葉を使っている理由がわかり、筆者の意図をより深く読み取ることができるようになる。

Plus+
One

図表が
含まれている文に
慣れよう

テクノロジーの進化や地球の気候変動、目まぐるしく動く世界経済の状況などを背景に、新聞やテレビの情報にはグラフや図表など、資料を含んだものが多くなっている。図表の読み取りが苦手な人は敬遠しがちだが、これらの資料の大部分は、その情報の発信者の説明、考え、意見の裏付けとして使われているだけだと考えよう。文章をじっくり読めば、内容のポイント部分がグラフや表でも示されている場合がほとんどだ。まずは文章のポイントを見極め、それがグラフや図表のどの部分に当たるのかを探そう。資料は読解を進めるための大事なヒントでもあるのだ。

STEP.
3

1つの文章を 繰り返し読もう

評 論文など、内容が今ひとつわからない文章もあるだろう。その場合は同じ文章を何回も読み返そう。最初に読む際は、ポイントだと思うところに下線を引き、理解があいまいなところには疑問点をメモしながら読んでみよう。2回目に読む際も同様に、ポイントだと思うところに下線を引きながら読む。疑問点についても、なぜそうなのかを考えながら読んでみよう。

　1回目と2回目の下線が重なった箇所は、文章の重要なポイントだ。このような作業を通じて、集中して読解することが自然にできているはずだ。繰り返し読んで理解を深める術を身につけよう。

STEP.

4

同じテーマを
取り上げている
文章を読もう

大学入試センターが実施している「大学入学共通テスト」や、そのプレテスト問題を見ると、ある出来事について書かれた複数の文章や資料を比較して、その内容について検討する問題が出題されている。このように複数の文書や資料を読み取り、比較する問題は、これまでのセンター試験では出題されておらず、今後は注意が必要だろう。

　対策として、新聞記事やネットニュースのように、ある出来事について書かれた文章を複数読み、比較しよう。同じテーマだが表現や意見が違うところはどこか、などに着目して読み比べてみよう。

STEP. 5

速く読めるように なろう

入試では与えられた時間内で素材文を読み取り、設問に答えなければならない。文章をできる限り少ない時間で読み取れる能力が問われるので、今のうちから文章を速く読めるようなトレーニングを積んでおこう。日頃から時間を計って読む習慣をつけるとよい。制限時間を設けることで緊張感が生まれ、読解に集中できる。

最初のうちは、ある程度時間がかかってもよいので、内容をしっかり読み取りながら、徐々にスピードアップを意識しよう。訓練を重ねるに従い、しだいに時間がかからなくなる。短時間で多くの文章を読むことができるようになるので、読解力のアップが期待できる。

読んだ内容を
図示してみよう

文章の要約に慣れてきた人にぜひ試してほしいのが「文章の内容を図示」すること。いきなり図示してみろと言われてもイメージしづらいかもしれないが、国語の先生の板書を見てほしい。題材が小説であれば、登場人物を□で囲み、→で対比するなどして、各々の関係性、背景、場面ごとの心情の変化などをまとめているだろう。

　まずは授業のノートを見ながら、先生のまねをして別のノートにまとめ直してみよう。慣れてきたら、読んだことのない短い文章の内容を図示してみる。図示することで文章全体の構造が明確になり、読んだ内容が整理できる。現代文の点数アップにもつながるはずだ。

トレーニング **3**

記述力・論述力・表現力を鍛える

記述力・論述力・表現力とは何か
〜グローバル社会で必要となる力

近年、社会のグローバル化やIT化、少子超高齢化社会の到来が国内、国際社会に与える影響は大きく、急速な社会変化の中で生き抜くために、周りの人と協力して課題を解決したり、新しい価値を創造したりできる能力が求められている。このような時代において活躍できる人材になるためには、語学力以外にも、価値観の違う人を理解し、社会が求めているものは何かを考え、発信していく力が問われる。

そのために必要な力が、「記述力・論述力・表現力」だ。学力の3要素にも重なっている部分が多いので、これからの入試に欠かせない力ともいえる。

●記述力・論述力・表現力とは

1．価値観の違う相手同士が理解し合うために必要な力

2．社会が求めているものは何かを考え、発信できる力

STEP.
0

好奇心を持って、さまざまなジャンルの情報を仕入れよう

記 述力・論述力・表現力を鍛えるために最も大切なことは、日々
情報を仕入れることだ。自分の考えをまとめ、意見を述べるた
めには、今、世の中で起きているさまざまな出来事について知ってお
く必要がある。

　インターネットのニュース・動画サイト、SNS、さらに新聞、雑
誌、テレビなどで、最新のニュース、流行しているドラマ、トレンド
ワードなど、さまざまな情報にアンテナを張り巡らせて情報を仕入れ
ておこう。そしてそれらの情報がどのような形・表現で世間に発信さ
れているのか調べよう。自分なりの表現はそこからはじまる。

トレーニング**3** **記述力・論述力・表現力**を鍛える

STEP. 1

気に入った写真に タイトルやセリフを つけてみよう

楽しく手軽にできるので最初に取り組んでほしいのが、写真にタイトルやセリフをつけること。SNS などでお気に入りの写真を見つけたら、その写真にタイトルやセリフをつけてみよう。難しいことは考えず、素敵だと思った写真に、撮影者が写真に込めた想いなどを想像してタイトルをつけてみよう。

　もし難しければ、写真の説明・解説を考えてみよう。写真に表れた情景、状況を他人に説明するつもりで「○○○が□□で△△しているところ」などと言葉で述べてみるとよい。表現力をつけるには最適だ。

ドラマ・映画の紹介文を書いてみよう

次 に気軽にできる訓練として挙げられるのが、ドラマ・映画の紹介文を書いてみること。気軽ではあるが、やってみるとなかなか難しいことがわかるはず。ドラマ・映画で心に残っている情景、見どころなどを文章で紹介してみよう。最初のうちは200字ぐらいで書いてみて、次にそれを短く表現することにトライしよう。

　STEP. 1と同じように、独自のタイトルをつけてみるのもよい。最近の洋画は、英語の原題がそのままカタカナで邦題になっているものが多いが、古い洋画だとその内容から原題をうまい具合に意訳して邦題にしているものもある。表現方法として参考にしよう。

Plus+ One

問題点（中心）となる 考え、意見を 見つけよう

新聞記事や評論文などを読む場合、まずは文中で問題点（中心）となる考えや意見がどこかを見つけることが重要だ。さらにそれを読み手に説明するために、書き手はどのような方法を採っているかを分析してみよう。

　書き手の体験や事実、データなどを用いて具体的に説明している部分（例：「私は以前、〜のような経験をした。そのとき、…ということを感じた」「実際に身のまわりでも、〜のような例がある」）を見つけて、それを結論にどう結びつけているのか見てみよう。意見をまとめる参考になるはずだ。

STEP.
3

100字、40字、20字と文字数を制限して書いてみよう

文字数制限のあり・なしによって、書くことの難易度は大きく変わる。制限された文字数で書くためには、文章の構成を考えながら、情報を取捨選択し、自分が言いたいことを漏らさず、明確に書き表さなければならない。このように、決められた文字数で表現するのは大変難しいことなので、100字、40字、20字などあらかじめ設定した文字数で書く訓練をしておく必要がある。まずは、その日に起こった最も印象的な出来事を他人に説明する文章を、100字→40字→20字と文字数を変化させて書いてみよう。やってみると、文字数を増やすより、減らすほうが困難だとわかるだろう。

STEP.
4

三角ロジックを常に意識しよう

文章を論理的に表現する際に常に意識しておきたい手法が「三角ロジック」だ。三角ロジックとは「○○だ・○○したい」という主張・結論が三角形の頂点にあり、底辺の一方がデータ、もう一方が理由づけとなり、これらを根拠とすることで主張が導かれるという考え方だ。

　例を出すと、データ「最新の高性能スマホが発売されたばかり」⇄理由づけ「新機種対応の料金節約プランがある」→主張「古いスマホを買い替えるべき」という流れになる。小論文やレポートの作成などでは、この考え方を意識しながら文章を書くようにしよう。

STEP.
5

文章を書いて、
先生に添削してもらおう

書いたり表現したものは、必ず第三者に見てもらおう。文章に書いた考えや主張、表現が、説得力のない、独りよがりなものになっていないか、先生に添削してもらい、今の自分の文章でどこがよいのか、いけないのかをアドバイスしてもらおう。

　優れた文章は起→承→転→結の流れで段落が分かれているものが多い。文章を書く際はこれを意識して書くようにしよう。新聞の投書欄などを起承転結4つの段落に分け、段落ごとに要約し、文章全体が何を問題にしているのか、書いた人が最も言いたいことは何かを短くまとめる練習をするとよい。

時間制限をして書くトレーニングをしよう

文字数を決めて文を書くことに慣れてきたら、次は小論文対策問題集などを使い、時間制限を設けて、小論文を書いてみよう。制限時間内で書くためには、必要となる作業（①問題文を読み、出題意図をつかむ。②論点を定め、自分の意見を考える。③小論文全体の流れを考える。④清書する。⑤書いた文章をチェックする）について、時間配分を考えなければならない。文の構成を考えるうえで肝となる②③の部分に、できるだけ多くの時間をとろう。

制限時間内で書く訓練を積むことで、だんだん速く書けるようになる。書いたものは必ず先生に見てもらうこと。

トレーニング**4**

思考力を鍛える

思考力とは何か
〜未知の状況にも対応できる力

　社会から必要とされる力は、時代とともに移り変わる。これまでは「働くために（生きていくために）必要な知識・技能」の習得が主に重視されてきた。しかし、グローバル化やIT化が進み、変化のスピードが以前よりも高速化している現代においては、知識・技能に加えて「（未来の変化を想定して）未知の状況にも対応できる能力」が、特に重視される方向に変わってきている。社会が抱えている問題点は何かを分析し、その解決方法を模索できる「思考力」が問われている。

　これからの入試でも、新しい傾向の問題に対して、出題の意図を読み取り、自ら答えを導き出せる力（＝思考力）が問われることになる。

●思考力とは
１. 未来の変化を想定できる力
２. 物事の問題点を見つけ出し、
　　その解決方法を探せる力

トレーニング **4** 　**思考力**を鍛える

STEP.

0

計算ドリルや
パズルで
脳を活性化しよう

思考力を鍛えるにあたっては、脳を活性化してからトレーニングに入るとより効果的だ。そのためにオススメなのが、計算ドリルや数字を使ったパズルゲーム。今さら何を？　と思う人も多いだろうが、計算ドリルの本当の効果は、脳を活性化するところにあるという説もある。

　トレーニング前のウォーミングアップのつもりで、少し難しめの計算ドリルやパズルゲームに取り組んでみよう。集中力もつくので大いにオススメだ。

Plus+
One

思考とは
「なぜ?」を追究
することそのもの

思考するとは、「なぜそうなのか」を考えることと言ってもよいだろう。そして、とことん「なぜ?」を追究したら、そこからわかったことを人に説明しよう。自分の考えを人に説明することで、論理的な力が身につくからだ。例えば、身近にあるものがなぜその形なのか、他の形だとどうなのかを考えてみよう。

マンホールのフタが丸い理由は(なぜ四角いフタがないのか)? ハチの巣は一つひとつがなぜ六角形なのか? 人気店がいつも混む理由は? 交通事故が起きやすい場所はどのような場所か? など身近なことを題材に「なぜ?」を追究し、思考を深めていこう。

身近なものについて
考えてみよう① ~数字の意味

> **計算式で違う大学生の就職率**
>
> 就職した人の合計数 / 卒業生の合計数 < 就職した人の合計数 / 卒業生で就職を希望した人の合計数

思考する際、データや数字が何を示しているのかを、つきつめて考えることも大切だ。身近で目にする数字、大学生の就職率、天気予報の降水確率など、どのような計算式から求められているのか調べてみよう。

　例えば大学生の就職率の場合、その年度の卒業生の合計数に対する就職者の割合を算出している大学と、その年度の卒業生のうち、就職を希望した人の合計数に対する就職者の割合を算出している大学があり、どちらの計算方法で算出しているかで就職率も大きく変わってくる。身近な数字の意味を、あらためて考えてみよう。

STEP. 2

身近なものについて
考えてみよう②~漢字の成り立ち

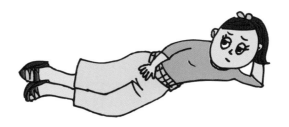

漢 字の成り立ちについて思考することで、これまでの知識がつながり、非常に勉強になるのでぜひオススメしたい（p.45 参照）。例えば、「蚊」という漢字は、「ぶんぶん鳴く虫」だから、「虫」＋「文」＝「蚊」となったという説がある。

　このように、特徴を表した漢字に注目して、その成り立ちを調べてみよう。木へん、虫へん、魚へんなどの漢字について意味を考えると面白い。さらにこれを発展させて、友だちとオリジナル漢字をつくり、その成り立ちを説明し合ってみよう。

トレーニング**4** **思考力**を鍛える

Plus+
One

リアルな体験から
感性を磨こう

感 性はリアルな体験によって磨かれる。体験が感性を育て、感性
が豊かになると、生活の中で出合う「なぜ？」を調べるように
なる。この繰り返しこそが思考力を育てる。「思考力をつけるために、
今から何か考えよう」「トレーニングをこれくらいやろう」などといっ
た、頭の中で考えるだけのやり方で、思考力は身につくものではない。
日々出合うさまざまな出来事に対して興味・関心を持ち、「これは何
なのか？」「なぜそうなっているのか？」と自分自身に問いかけ、「な
るほど、そういうことなのか」と納得がいくまで調べよう。知的好奇
心を高め、考える日々を送ること。思考力はそこから生まれる。

Plus+
One

会話を通して思考する訓練をしよう

　自分の考えを述べるとき、はじめてそれが自分の知識になる。会話することは思考することでもあり、思考力を育てる立派なトレーニングになることを知っておこう。ただ漠然と友だちと雑談をするのではなく、授業で難しかった問題や疑問点について語り合ったり、社会問題となっている出来事について、家族の間で意見交換したりしてみよう。自分の考えだけを一方的に述べるのではなく、友だちや家族の意見を聞いてから、自分の意見を相手に説明する。「何を」「どの順番で」「どういう風に」話をしたら、相手の人にきちんと伝わるのかを考えることで、思考力は育つ。

STEP.
3

いろいろな角度から
考えてみよう①〜結論から

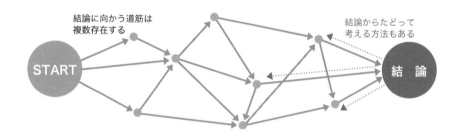

結論に向かう道筋は
複数存在する

START

結論からたどって
考える方法もある

結　論

　考える力を身につけるために最も効果的なのは、ある1つの事柄に対して、いろいろな角度から思考することだ。例えばテーマパークで遊ぶ場合、アトラクション中心なのか、パレードをメインにするかで、そのプランはだいぶ違うはずだ。案内図などを見ながら考えてみよう。また、結論からたどって、そこへ向かう道筋を探すこともしてみよう。例えば数学で難しい問題に直面した場合、15分程度考えても解答の道筋が見えてこなければ、諦めて答えを見てしまうのもありだ。正解から逆にそこへの導き方（解法）を考えてみると、それまでわからなかった問題がわかるようになることもある。

STEP.

4

いろいろな角度から
考えてみよう②~全体から

物事を見渡し、ある程度全体像を把握してから、細部について見ていき、物事の本質がどうなっているか考えるという手法も、今後のために身につけておきたい。国語の問題を使ってトレーニングをおこなうとよい。この場合、試験のときのように短時間で素材文と設問を読みながら答えるのではなく、まずはひと通り素材文を読んで全体を把握することに専念する。そして何が書かれているのかが把握できたら、各設問で問われていることを確認し、再び素材文に戻って内容を確認してみる。そうすることで、ただ読むより全体の内容が深く理解できるはずだ。

いろいろな角度から
考えてみよう③ ~固定観念を疑う

考えを深めるために大切なことの1つに「固定観念を疑う」も挙げておこう。もっと別のよい方法を探すうえで、「当たり前」という思い込みが、考えを妨げることがある。志望する大学を「昨年、競争率が高かったから」と諦めず、「昨年、競争率が高かったから、今年はみんなが敬遠して競争率が下がるかも」と考えてみることも大切だ。みんなが「いいね」と言っていることも「○○の部分が不完全だからダメだ」「▲▲という欠点があるから自分は認めない」と、意地の悪い人になったつもりであら探しをしてみよう。他人とはあえて違った視点を持つことで、見えてくる真実もある。

考えたことは アウトプットする

考えたことを整理するために、思考の内容を紙に書いたり、パソコンにまとめよう。頭の中で考えたことはアウトプットする。この習慣が大事だ。書くことで考えがより明確になり、そこから次の新しい発想が生まれてくることもある。自分の考えを他人に説明する際は、イメージを図示すれば、よりわかりやすいものになる。今のうちから考えを紙やデータ（可能であればパソコンのアプリケーションを使ってデータ化する）にまとめる習慣をつけておこう。表現力アップにもつながるし、今後、大学生や社会人になっておこなうことになる、プレゼンテーションの基礎にもなる。

トレーニング5
聴く力を鍛える

聴く力とは何か
～良好な人間関係のために不可欠な力

　聴く力は入試の面接で最も試される力だ。面接では試験官の質問への受け答えがチェックされる。この受け答えの「受け」の部分が聴く力で、「答え」の部分が話す力だ。受験生は話すほうばかりに目がいきがちだが、相手の質問をしっかりと聴く力がないと、質問の意図を理解できず、不十分な回答をしてしまうことになる。

　社会人になると、例えば取引相手の話にしっかりと耳を傾ける能力、会話の論点をつかむ能力が、特に求められるようになる。今のうちから聴く力を鍛えておこう。聴き上手な人は、「話したい」という相手の欲求を満たし、会話をより弾ませることができる。友だちや家族、さらにはビジネスでの取引相手と良好な関係を築くことができるのだ。

●聴く力とは

1．会話の相手を「もっと話したい」という気持ちにさせる力

2．良好な人間関係を築くことができる力

話すことより
聴くことが大事

面接で大切なのは何かと聞かれたら、ほとんどの人が「質問の受け答えがきちんとできること」と答えるだろう。それなのに面接の対策として「質問にきちんと答える」「想定した質問に答える」など、答える練習だけをする人が多い。しかし、面接官は受験生の回答より前に、質問に対する話の聴き方、聴く姿勢をチェックしている。質問にしっかりと耳を傾ける能力がなければ、よい評価をもらえる回答はできない。これはビジネスの場合も同じで、自分の言いたいことだけを一方的に話してしまうと、取引先に好印象を与えることはできない。まずは人の話をきちんと聴くこと。そこからはじめよう。

STEP.
1

話の展開を予想して 聴く訓練をしよう

話を聴く際は、相手の意図や話の内容、展開を予想して聴くトレーニングをしてみよう。話の組み立てや論理の展開を意識しながら聴くことで、相手の話がよりわかりやすくなり、内容を把握しやすくなる。テレビのニュース解説番組やインターネットラジオなどを使って、話の展開を予想して聴くトレーニングをしよう。相手の話が予想した通りの内容だと、自然と「うんうん」と相づちをうつし、予想外の内容だと意外性から思わず、前のめりになって話を聴いている自分がいるはずだ。このような、相手が話しやすいと感じることができる態度を心がけて聴くことで、会話はより弾むようになる。

STEP.
2

聴いていた自分を振り返ろう

　自分は、相手の話をちゃんと聴けていたかを、後でチェックすることも大切だ。聴いていた自分を振り返ろう。人の話をちゃんと聴けていたか、相手は本当に話したい内容を話してくれていたか、途中で話をさえぎったり、つまらなそうにしたりしなかったか、相手が自分の意図していない反応をしていなかったか、などを振り返ろう。

　悪いところに気がついたら、次からはその部分を意識して聴くようにしよう。自分の悪いところは謙虚に認め、強くいましめて取り組まないと改善することは困難だ。こうした努力を続けていくことで、聴く力は自然にアップしていく。

STEP. 3

人の話の途中で割り込まない

　人と話しているとき、相手の話の途中で割り込んで自分の意見を述べたり、自分の話に転換してしまったりする人がいる。話をさえぎられた側は、最悪の場合、気分を害し、その人との会話を続けようという意欲を失ってしまう。

　会話に夢中になると、自分の話も聴いてもらいたいあまり、無意識にこのような行為をしてしまう人がいるようだ。このまま社会人になってしまうと、大事な取引の際に相手に悪いイメージを与え、仕事を失ったりトラブルに発展したりする可能性がある。人と話す際は、相手の話は最後まできちんと聴くことを意識するようにしよう。

STEP.
4

友だちの考えを話してもらい、質問を考えよう

友だちの考えを話してもらい、それに対して質問を考えよう。つまり自分が面接官となって友だちの面接をするのだ。これはお互いにとって、とてもよいトレーニングになるはずだ。相手の意見に対して質問を考えなければならないので、集中して聴く姿勢も身につく。

　他人の受け答えをみることで、よいところ、悪いところがはっきりとわかるだろう。「人の振り見て我が振り直せ」という、ことわざもある。自分にも同じような悪いところがあるのならば、この機会に改めよう。

STEP.
5

短いニュースを聴き、
要約してみよう

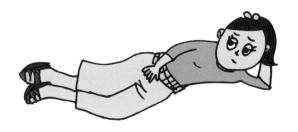

多くの人が、英語のヒアリングテストを受けたことがあるはずだ。その際、大事な部分は聴きながらメモを取り、テストを進めたと思う。

話の内容を聴き漏らさないためにメモを取るのは効果的だ。これを発展させて、5分ほどの短いニュースをメモを取りながら聴き、終わった後に内容を要約する練習にトライしよう。メモを取ることで、より集中して聴くようになり、聴いた内容を要約することで、表現力アップにもつながる。要約した内容は、人に説明するつもりで時間を計りながら話す訓練へとつなげよう。

トレーニング**6**

判断力を
鍛える

判断力とは何か
～問題解決のための原動力

　問題点を解決し正解へ導くためには、今、目の前で起こっているさまざまなことを比較・検討して分析し、内在する問題を洗い出し、その対処法を考え、確実に実行していくことが大切だ。正解を導くために、この方法をとればベスト、こうすれば解決できるなど、正しい方法を推定できる力こそが判断力だ。

　判断力を鍛えることはこれからの受験勉強にも役立つ。受験において自分に足りない力（弱点）は何かを見つけ、これから勉強をどう進めていけばよいかを考えられるようになる。

●判断力とは
1．問題解決のための正しい方法を推定できる力
2．受験勉強に生かせる力

判断力アップに
スポーツを
やってみよう

判 断力をつけるためには「判断する経験」を多く積むことが大切だ。そのために最適なのは野球やサッカー、バスケットボールなどのスポーツをプレイすること。普段何気なくやっているスポーツでも、実は多くの場面で自分なりに判断しながらプレイしていたはずだ。「○○な場面だから自分はこう動いた」「もっと○○しておけば得点に結びついたのに」など、自分や仲間、相手チームのプレイを振り返り、そのときの判断が正しかったかどうか、さまざまな角度から分析してみよう。そして、その振り返りを次のプレイに生かすようにしよう。これを繰り返すことで判断力がアップしてくる。

判断に迷うときは
試す機会をつくる

こ　れから意思決定していくうえで、判断に迷うこともあるだろう。
　　人間にとって経験がないことを決断するのは難しい。洋服を買う前に自分にはどれが似合うか、いろいろな服を試着してみるのと同じで、判断に迷いそうなことは、できるだけ試す機会をつくることをお勧めする。例えば大学選びで迷っているのであれば、オープンキャンパスに参加したり、学園祭などに行ったりしてみることで、キャンパスの雰囲気を味わってみよう。留学について迷っているのであれば、留学した先輩に現地の様子を聞いてみるとか、留学候補地をインターネットで調べるなどして留学している自分をイメージしてみるとよい。

判断力アップは
分析力アップから

正しい判断を下すためには、判断の対象となる事柄を細かく分析できる能力が必要となる。つまり、判断力アップには分析力アップが欠かせないのだ。例えば、これから受験勉強をはじめようとする場合、何をどうはじめたらよいかを判断するためには、これまでのテストの結果を集め、自分の今の学力をさまざまな角度から客観的に分析することが必要となる。得意科目、苦手科目は何か、なぜそれが苦手なのか、具体的にどこが苦手なのか、など自分自身を分析することからはじまる。そこから「次に何をするのがよいか」を洗い出し、自分にとって最適な方法はどれかを判断していく。

STEP. 2

分析には情報集めが欠かせない

分析を開始するためには、その対象となる材料が必要だ。これから起こり得ることを推測し、検証していくためには、その背景にあるものや、考えの裏付けとなるデータがものをいう。例えば、探偵が犯人を捜し当てるのに、容疑者として浮かび上がった人物のあらゆる面を調べ上げるのと同じことだ。

　資料やデータなど、必要となりそうなあらゆる情報を集めよう。STEP.1の受験勉強をはじめる場合の例で考えると、過去の試験結果、成績表、模試の分析データ、志望校の偏差値と現時点での合格判定などが分析に必要な情報だ。

STEP. 3

情報・データを
比較してみよう

集まった情報を分析する際に重要なのが情報・データの比較・検討だ。雰囲気や好みで決めるのではなく、それぞれの情報・データからは、どのようなメリットやデメリットが導かれるのかを考えながら比較しよう。その際、詳しい人のアドバイスも積極的に利用すること。自分だけで考えるより客観的に比較・検討できる。

　例えば、進学先としてA大学とB大学を検討する場合、A大学にはどのようなメリットがあり、どのようなデメリットがあるかを考える。B大学についても同じように調べ、考えて、最終的にA・Bどちらの大学が自分にとって有益なのかを判断する流れとなる。

STEP.

4

判断基準を
明確にして
選ぶ

デ ータを分析、比較・検討して、浮かび上がってきたさまざまな
事実や情報を、どうやって選択していけばよいのだろうか？
そこで必要となるのが判断基準だ。どの情報を重視すればよいかは対
象ごとに異なってくるが、他人の意見に惑わされず、自分がこだわり
たい部分を明確にして選ぶようにすることが大切だ。

大学選びであれば、学べる内容、施設・設備、就職先、取れる資格、
費用、奨学金制度の有無、留学制度などから、自分にとって最も大切
な部分・譲れない部分（基準）は何かをはっきりさせて大学を選ぶと
よい。

意思決定を
早くする
訓練をしよう

判断力アップのトレーニングを積み、経験を重ねると、意思決定に時間がかからなくなってくる。ビジネスの現場ではたとえ正しい判断が下せたとしても、判断に時間がかかりすぎるとチャンスを失ったり、多くの人に迷惑をかけてしまう場合もある。そうならないように最優先すべきところ、譲れないところを抜き出し、それを重視してできるだけ早く判断する必要がある。これは試験の場合でも同じだ。まずは問題文全体を見渡して、すぐに解けそうな問題・得意分野の問題を優先し、時間がかかりそうな問題・苦手分野の問題を後回しにするといった具合だ。ときには解けそうもない問題はあきらめて、他の問題に集中するという判断も必要だ。

Plus+
One

他の考え方を
調べてみよう

判断するために必要なのは、正しいものを見極め、それを選ぶことができる力だ。そのために欠かせないのは、これまでの経験だろう。しかし、自分1人のこれまでの経験だけに判断基準が限られると、どうしても限界が来てしまう。

　また、自分が正しいと思った意見や考えにこだわりすぎると、1つの考え方の範囲内でしか判断できないため、アイデアの質や選択肢が乏しくなる。そうならないためにも、いったん違うと思ったこともやってみたり、調べたりしてみよう。違うと思って見落としていた部分が、実は自分にとって魅力的であったり、新しく選択肢に加わったりすることもあるかもしれない。

STEP.
5

目先のことに とらわれず判断する

　私たちは毎日、何らかの判断をしながら暮らしている。例えば翌日は試験というときに「勉強するか、遊ぶか」。これも判断が必要だ。「せっかくゲームソフトを買ったから、まずはプレイしてから勉強しよう」も、1つの判断だが、その判断を下した時のリスクを考えているだろうか。

　判断を下す際は、誘惑に負けたら自分はどうなるのか、誤った判断がその後に及ぼす影響はどの程度かを考えてみよう。その場での判断でなく、長いスパンを見据えて判断すること。誘惑に負けた惨めな自分をイメージして、強い意志を持って判断を下そう。

Plus+
One

自信を持って
判断しよう

自分が最終的に下した判断は、たくさんの情報を集め、その情報をさまざまな角度から分析し、十分な比較・検討を繰り返した末に選んだ結果だ。きちんと信念を持って選んだ判断の結果であれば説得力があり、結果として判断ミスになり、周りに迷惑をかけたとしても、周囲はきっと許してくれることだろう。

　逆に、自分が納得できない状態で決断を下してしまうと、後悔することになりやすいので避けよう。自分が出した判断に責任が持てることも、判断力がある証明といえる。自信を持って判断するようにしよう。

トレーニング**7**

集中力を鍛える

集中力とは何か
～プレッシャーに負けない力

　人間は、集中しなければいけない場面で他の行動に走ってしまう性質があるといわれる。これは「できなかったのは○○だったせいで、自分の能力が低いからではない」と失敗を他のせいにして、自尊心を守ろうとする心理が働くためだとされている。また、「得点が低かったらどうしよう」といったプレッシャーがかかっている場合にも、不安になったりマイナス思考に陥ったりして集中力が低下する。

　このことからわかるように「勝つために欠かせない集中力」とは、集中が必要な場面で落ち着いて対処できる力、プレッシャーがかかっている場面でも平常心で物事に取り組み、結果を出せる力と言い換えることができる。

●集中力とは
1．勝負に勝つために欠かせない力
2．平常心で物事に取り組み、結果を出せる力

STEP.

0

まずは睡眠を
十分に取ろう

人間は、寝不足では力を十分に発揮できない。脳には適度な休憩時間が必要で、そのために睡眠は欠かせない。寝不足だと集中力・注意力とも散漫になることは、例えば車の運転で事故を起こす可能性が高いことでも明らかだ。

　これまで述べてきた力を身につける訓練でも、身につけた実力をフルに発揮する際には、脳が重要な役割を担っている。脳をたくさん働かせたら、しばらく休ませて、最適の状態を維持しておくことが最も大切だ。そのためには睡眠が必要不可欠であることを、頭に入れておいてほしい。

好きなことに
集中してみよう

読書、ゲーム、映画鑑賞など、何でもよいので自分が集中してできることに取り組み、集中している状態はどういう状態なのかを知ろう。例えば、周りが多少うるさくても集中できるが、机の上が乱雑だと気が散るという人、反対に、物が散らかっていても気にならないが、いろいろな音が聞こえてくる場所では集中できないという人もいる。

長時間ゆるやかに集中できるタイプ、短時間徹底集中のタイプなど、人によってさまざまだ。自分自身が集中できている状態、集中しやすい環境はどんな状態なのかを、まずは知っておこう。

STEP.
2

時間を区切って
取り組もう

　　　うしてもしなければならないことがあるのに、あまりやる気
ど　が出ないこともあるだろう。そんなときは、時間を区切って取
り組むと、集中してできるようになることがある。時間を決めたらタ
イマーをセットして、目の前の課題だけに集中してみよう。タイマー
が鳴ったら、やっている途中でもストップする。

　その後、まだ余力があれば再度取り組むのもよいし、そこで終わっ
てもよい。設定した時間内に集中して全力でのぞむことが大事だ。再
度取り組む場合でも５分程度休憩し、ストレッチをしたり、目を閉
じたりしてリラックスする。気分転換も大切だ。

Plus+
One

やる気が出ないときは
遊んでしまおう

東　大理Ⅲに合格したある先輩は、スケジュールを遊び中心で考え、1日の中で遊ぶ時間をまず確保してから、残りの時間を勉強に回すようにしたらしい。この方法だと、遊びで減った残り時間で勉強をどう挽回できるかが大変重要になってくる。自分に相当なプレッシャーをかけ、緊張して挑むことで、信じられないくらい集中して勉強に取り組むことができたという。やる気が出ないときや、どうしても遊びたいときは、思いきって遊んでしまおう。遊ぶときは遊び、勉強するときは勉強する。メリハリをはっきりつければつけるほど、勉強するときの集中力は高まるはずだ。

STEP.
3

ライバルを勝手に設定しよう

集中力を切らさないためには、ある程度の緊張感を持つことがとても大切だ。そこで効果的なのはライバルの存在。「あの人には負けない」と思い、競い合える存在を持つことが、モチベーションを大いに高めてくれる。

自分にはライバルがいないという人も、学校の成績が同じくらいの人、志望している大学が同じ人、部活でいつも勝てない相手など、自分を刺激してくれる人を、勝手にライバルとして設定してしまおう。ただし、ライバルとして意識しすぎるあまり、相手の行動を監視したり、相手につきまとったりしないよう、十分注意すること。

トレーニング**7** **集中力**を鍛える

Plus+
One

ノートを取らずに授業を受けてみよう

集中力を確認するために、ノートを取らずに授業を受けてみるという手もある。ただし、事前に予習をしてから授業を受けること。あえて板書を写す作業を省略することで、先生の話す内容に集中できることがわかる。先生の話す内容・板書事項をイメージとして頭の中でまとめ、整理しながら授業を聴くようにしよう。授業が終わったら、その内容をノートにまとめてみよう。途中で書けずに困ったところがあったら、それ以降は集中できなくなった箇所かもしれない。自分がどこまで集中できていたかを知る手がかりになる。その日の板書事項は、後で友だちからノートを借りて整理しておこう。

STEP.
4

模試など、緊張して追いつめられる機会を増やそう

模 試は、試験範囲が明確に決まっておらず、全国の受験生が受験するので、入試本番に近いプレッシャーを感じて緊張する人も多いだろう。しかし逆にこれを利用すれば、集中力を鍛えるよい機会となる。

　さらに、受験する前には「今回は英語は○○点を狙う」「合計で○○点を確保する」「○○大のB判定を目指す」など、模試ごとに目標を設定しよう。そうすることで、受験により緊張感が生まれる。これを繰り返すことで自然とプレッシャーに強くなり、集中力を鍛えることができる。

STEP. 5

目標よりも少し先を
ゴールにしよう

　ス ポーツを例に考えるとわかりやすいが、自分と同じくらいのレベルの人とずっと練習するよりも、自分より上のレベルの人と練習していくほうが実力アップは期待できる。上のレベルの人と競い合うことで緊張感が伴い、集中できるからだ。

　受験勉強もこれと同じで、今の自分のレベルで合格できそうな大学を目指すのではなく、「この大学に入れたらいいな」と思える、今よりさらに1ランク上のレベルの大学を志望校に設定するとよい。そうすることで、緊張感を持って真剣に勉強に取り組むことができ、今後の実力アップが期待できる。

トレーニング**7** **集中力**を鍛える

自分のタイプに合った スケジュールを 立てよう

集中力とモチベーションを持続するために最も必要なのは、目標設定とスケジュールだ。目標に対して、それに取り組む時間帯を事前に決めてしまうことで、自分自身を追い込んでその時間に集中して取り組めるようになる。ただし、スケジュールは自分に合ったものにしよう。人には、何でもきっちりやりたい完璧タイプの人、スピード第一で効率を重視する人、あくまでマイペースで進めたい人など、いろいろなタイプがあるので、自分はどのタイプなのか分析して、自分に合ったスケジュールを考えよう。自分が確実に「できること・できる量」を基準にスケジュールをつくることが大切だ。

Plus+
One

成功・失敗の両方を イメージしよう

　勝つために欠かせない集中力とは、プレッシャーがかかっている場面でも平常心で物事に取り組み、結果を出せる力であると前に述べた。どんな場合でも落ち着いて対処できるようになるために、これから起こり得ることについて事前にイメージしておくとよい。まずは自分が成功しているイメージ、例えば模試で目標としていた得点が取れ、次の目標を考えている姿をイメージしよう。

　それとは逆に、得意科目が思うように伸びなかった場合もイメージしておこう。そのような事態になったとき、今からどんな手を打てばよいかを考えることが、集中力アップにつながる。

おつかれさま！
参考になったかな？
一生ものの"学ぶ力"を身につける
ために、これからもがんばって！